Esther Kleinhage

Ausoniusweg / Hunsrück Camino

Wanderführer

Bibliografische Information der Deutschen Nationalbibliothek: Die
Deutsche Nationalbibliothek verzeichnet diese Publikation in der
Deutschen Nationalbibliografie; detaillierte bibliografische Daten sind im
Internet über dnb.dnb.de abrufbar.
© 2018 Esther Kleinhage
Herstellung und Verlag:
BoD – Books on Demand, Norderstedt
ISBN: 9-783752-879100

Druck des Kartenmaterials mit freundlicher Genehmigung
von Runkeeper / ASICS Digital / asics.com

Meiner Mama

mit herzlichem Dank

für die hochgeschätzte und tapfere Begleitung

(trotz manchem Regenguss und manchem Zweifel)

Kurzes persönliches Vorwort

Im Hunsrück, in zwei der von diesem Weg durchkreuzten Ortschaften aufgewachsen, habe ich der Region vor langer Zeit den Rücken gekehrt und bin auf vielen Pilger- und Wanderpfaden im europäischen Raum unterwegs gewesen.

Nach dem Mosel-Camino in 2017 reizte mich und meine Begleiterin (namentlich meine Mutter) 2018 der Ausoniusweg / Hunsrück Camino. Bei der Vorbereitung fiel uns auf, dass es sehr wenig Kartenmaterial und zu diesem Zeitpunkt keinen vollständigen Wanderführer gibt, mit dem sich Etappen, Übernachtungen und Besichtigungen entlang des Weges einfach und zuverlässig planen lassen.

Wir waren von diesem Weg sehr angetan und haben ihn dank seiner landschaftlichen Vielfalt, den ursprünglichen Hunsrück-Dörfern, der größtenteils guten Ausschilderung und des bis auf wenige Ausnahmen guten Zustands der Wege sehr genossen. So habe ich mich entschlossen, den Ausoniusweg / Hunsrück Camino mit diesem Wanderführer auch anderen Wander- und Pilgerbegeisterten näher zu bringen.

Über Anregungen, Rückmeldungen und Änderungen bin ich sehr dankbar: *esther.kleinhage@gmx.de*. An diese Adresse dürfen Sie auch gerne schreiben, wenn Sie vor Ihrer Wanderung ein Update zu diesem Buch erhalten möchten.

Ich hoffe, Sie genießen den Weg und die Region so sehr wie wir es im Mai 2018 getan haben.

Esther Kleinhage

Zum Weg und zu diesem Buch

Höhendifferenzen entlang des Ausoniuswegs / Hunsrück Caminos
(höchster Punkt: Ohligsberg: 600m / niedrigster Punkt: Bingen: 94m)

Meine GPS-Daten können Sie sich gerne kostenlos herunterladen:
www.wikiloc.com/hiking-trails/ausoniusweg-hunsruck-camino-25228078

Der Ausoniusweg / Hunsrück Camino beginnt mit einem langgezogenen Anstieg von Bingen bis zum Ohligsberg. Die ersten 16 Kilometer steigen Sie stetig bergauf. Wenn Sie dies geschafft haben, werden Ihnen auf dem restlichen Weg keine großen Herausforderungen mehr begegnen. Es gibt nochmals einen längeren Anstieg vor Hochscheid (ab 62. km) und auf den letzten Etappen nach Gräfendhron (90. km und 102. km) und nach Fell (113. km). Diese werden Sie nach der ersten Etappe aber nicht mehr schrecken.

Der Weg wird Sie zumeist auf angenehmen Wald- oder Schotterwegen durch Wälder und entlang von Feldern führen, doch auch immer wieder über Asphaltstraßen und teilweise entlang befahrener Straßen.

Für Ihre Anstrengungen werden Sie nicht nur mit herrlicher Hunsrückluft und weiten Ausblicken über grün bewaldete Hügel belohnt, sondern auch mit vielen Bänken und Picknickplätzen entlang des Weges. Lassen Sie sich also Zeit und machen Sie Pausen.

Wir sind den Weg in 7 Etappen gegangen. Sie finden jeweils am Ende der Etappe die Unterkunft, in der wir übernachtet haben. Unterkünfte, die uns besonders ans Herz gewachsen sind, habe ich mit einem Herzchen gekennzeichnet. Auch habe ich versucht, die Unterkünfte preislich zu kennzeichnen ($=günstig bis $$$=teuer), kann für diese Angaben jedoch keine Garantie übernehmen.

Bezüglich kirchlicher Herbergen konnte ich nur einzige Adresse ausfindig machen: Pfarrer Ludwig Krag in 55481 Kirchberg, Tel.: 06763/1513.

Ich habe versucht, diesen Wanderführer so aufzubauen, dass Sie sich Ihre Etappen nach eigenem Belieben zusammenstellen können.

Für Ihre Anregungen und Verbesserungsvorschläge sowie Informationen bezüglich Herbergen, Unterkünfte und geänderten Wegführungen bin ich sehr dankbar!

Ich wünsche Ihnen **Buen Camino** und eine wunderschöne Zeit im Hunsrück.

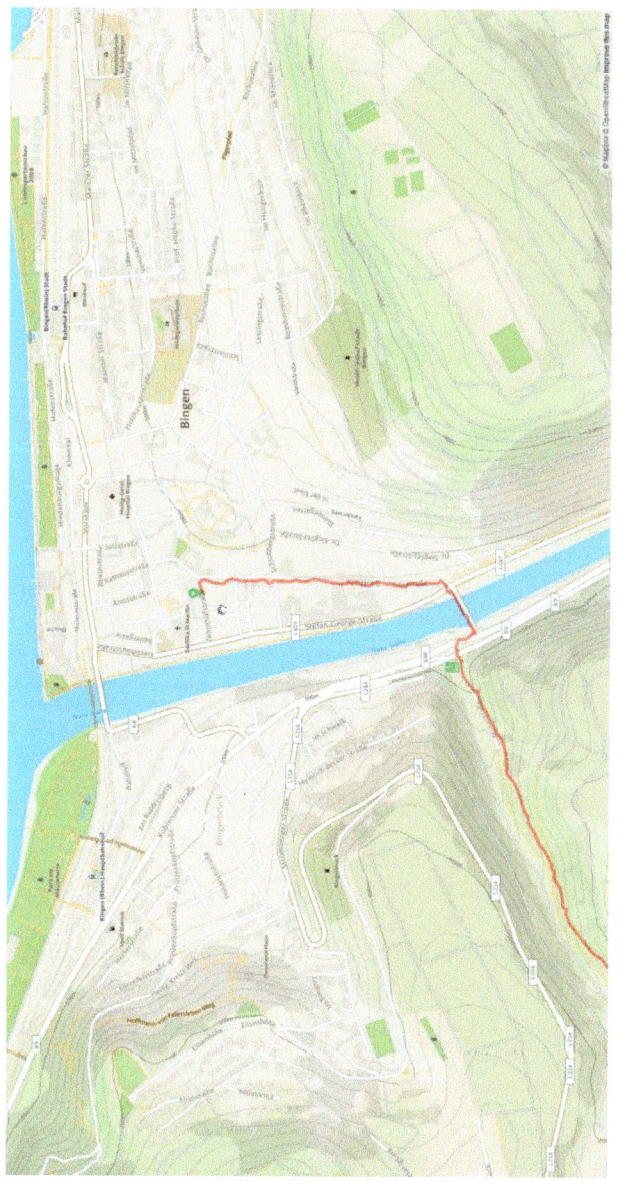

4

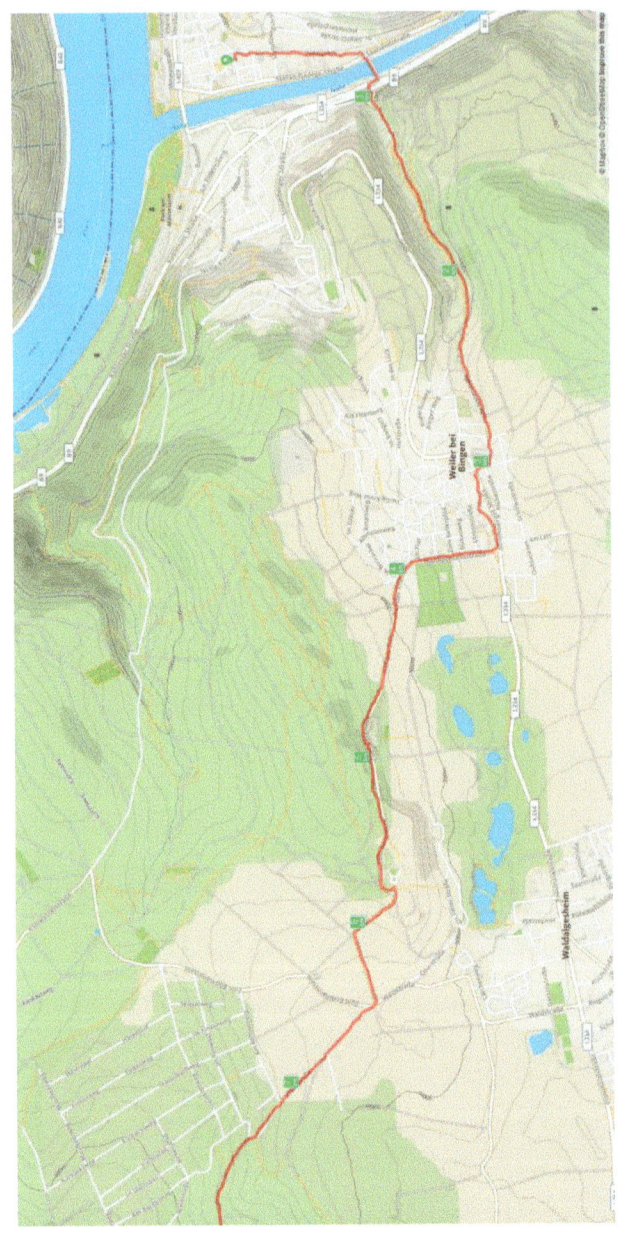

5

Tag 1: Bingen – Dichtelbach (21 km – ca. 700 Höhenmeter)

Sie starten Ihren Weg von der Basilika St Martin, die in der Nähe des Zusammenflusses von Rhein und Nahe gelegen ist. Wenn Sie aus der Kirche heraustreten, gehen Sie links und links die Zehnthofstraße hinauf. Am Ende biegen Sie rechts in die Schmittstraße und folgen dieser, geradeaus über die Kreuzung mit der Schloßbergstraße befinden Sie sich nun in der Gaustraße, auf der Sie weiterhin geradeaus gehen. An deren Ende überqueren Sie die Hauptstraße und befinden sich auf Ihrer ersten

historischen Brücke, der Drususbrücke, auf der Sie die Nahe überqueren. Nach der Brücke biegen Sie rechts ab, gehen aber nach wenigen Metern links durch eine Unterführung (1. km) und erreichen die Mühestraße.

Auf dieser gehen Sie bergauf, erst an einzelnen Häusern vorbei auf einer Asphaltstraße, die aber bald zu einem schönen Waldpfad wird.

Immer ansteigend erreichen Sie den Ort Weiler. Sie biegen rechts ab und sehen vor sich die Kirche.

☹ Wir sind links auf die Hauptstraße (Stromberger Straße) und nach dem Einkaufsmarkt Norma rechts abgebogen und sind so über die Mannesmannstraße angestiegen. Die originale Wegführung scheint aber an der Kirche vorbeizugehen und dann links in die Hildegardisstrasse abzubiegen, der Sie bis zu der

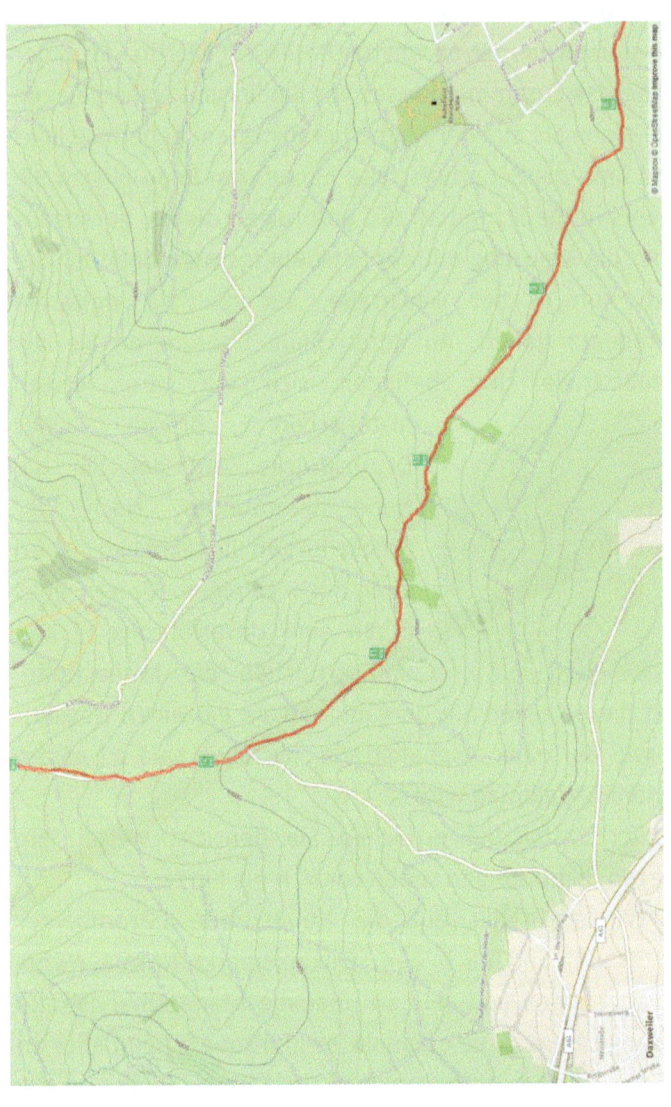

Straße „Auf der Trift" folgen und in die Sie dann links abbiegen.

Auf der Hauptstraße „Auf der Trift" verlassen Sie den Ort (4. km) und folgen dieser etwa 1,5 Kilometer, an einer Tierklinik und Reithalle vorbei bis zum alten Bergwerk. Dort folgen Sie weiterhin der Hauptstraße und gehen rechts den Berg hinunter. Nach einer Linkskurve (6. km) erreichen Sie eine T-Kreuzung, an der Sie rechts abbiegen. Unmittelbar danach können Sie diese geradeaus Richtung „Ruheforst" verlassen.

Weiterhin auf Asphalt gehen Sie bis zum Waldrand, an dem Sie links in den Waldweg einbiegen. Über Kreuzungen gehen Sie geradeaus, immer ansteigend, etwa 5 Kilometer auf schönem Waldweg, allerdings auch an Ihren ersten Windrädern vorbei, die Ihnen auf diesem Weg immer wieder begegnen werden.

Sie erreichen eine Straße, auf der Sie geradeaus weitergehen. Nach etwa 2 Kilometern erreichen Sie die Lauschhütte (13. km). Nach dieser biegen Sie links auf einen Schotterweg ab und folgen diesem an der ersten Kreuzung links und an der zweiten Kreuzung rechts.

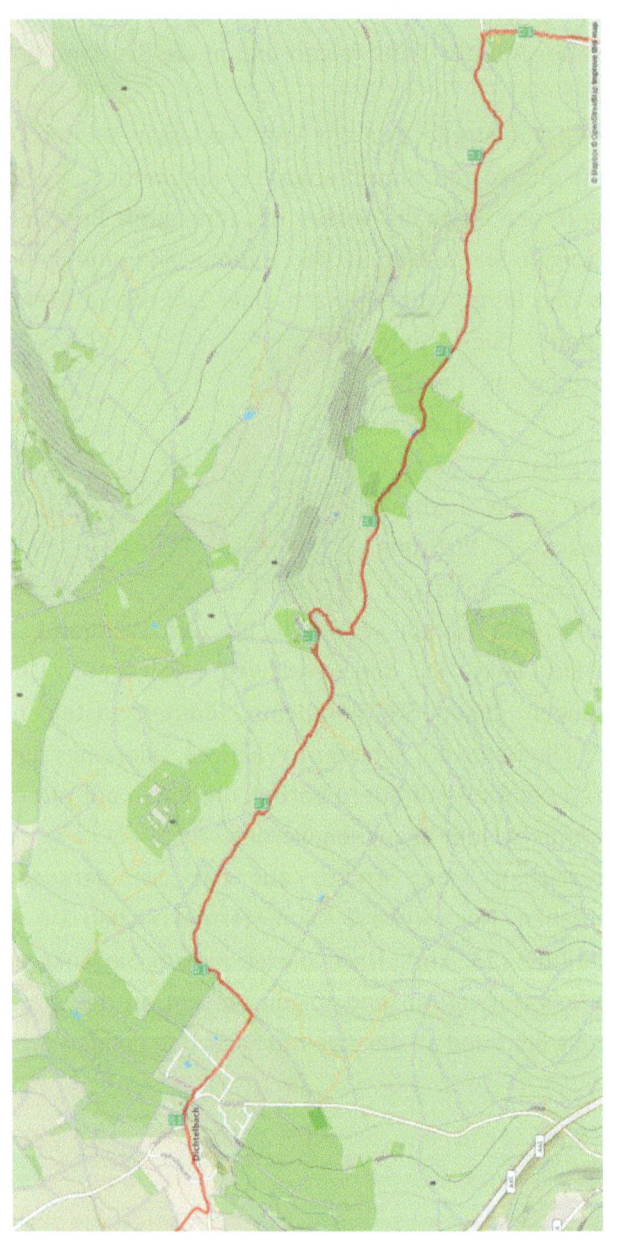

Nach einem letzten Anstieg erreichen Sie den Ohligsberg mit schönem Ausblick. Sie biegen rechts ab und gehen nun den Berg hinunter. Sie kommen an eine Kreuzung mit einer Straße, biegen hier links ab, um direkt danach rechts in einen steileren Waldweg zu biegen. In einem Linksbogen erreichen Sie die früheren US-Army-Housings (17. km), die allerdings seit vielen Jahren verlassen sind. Hier biegen Sie links auf die Teerstraße ab und folgen dieser an der nächsten Kreuzung rechts. Am Ende der Straße biegen Sie an der T-Kreuzung links ab und halten sich danach wieder links. Rechts sehen Sie bereits die ersten Häuser von Dichtelbach. An der Kreuzung biegen Sie rechts in die „Lauschhütte" und folgen dieser bergab bis zu einer Verkehrsinsel. An dieser biegen Sie rechts auf die Rheinböllener Straße und folgen dieser über den Dichtelbach in den Ort hinein (20. km). Ein letzter Anstieg und Sie haben den Dorfkern erreicht.

 Pension zum Felsenkeller • Rheinböllener Straße 31 • 55494 Dichtelbach • Tel: 06764 3031790 • pension@felsenkeller.de • www.felsenkeller.de

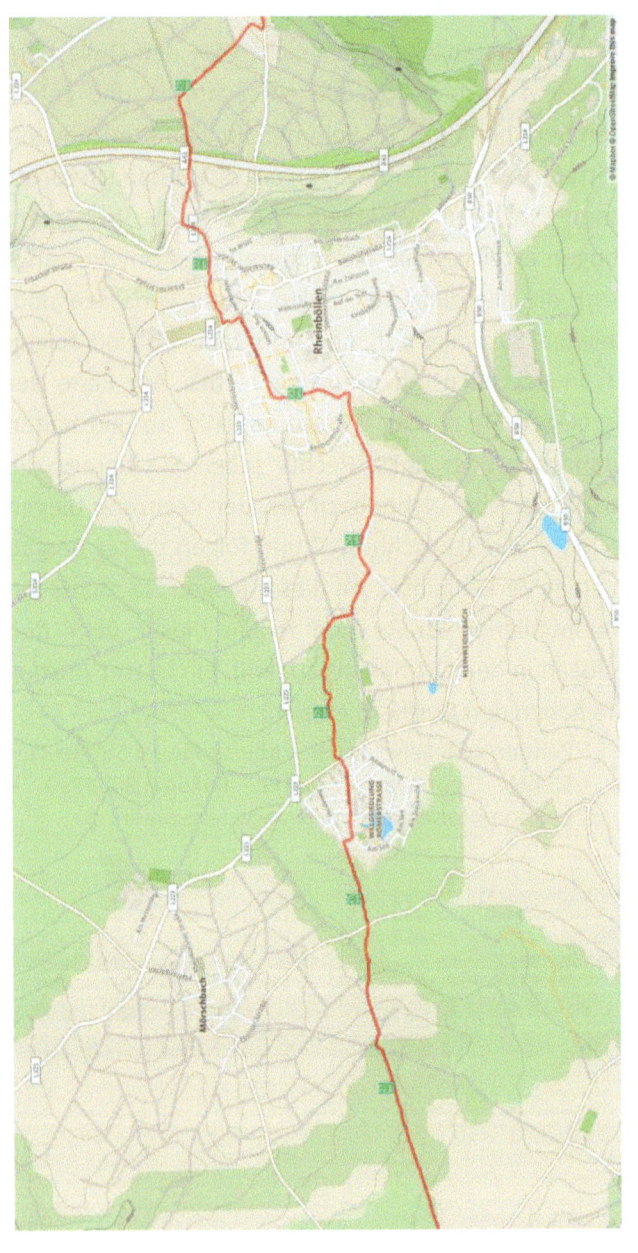

11

Tag 2: Dichtelbach – Simmern (18 km – ca. 300 Höhenmeter)

Auf der Rheinböllener Straße gehen Sie weiter bis zu einem Haus mit einem hohen weißen Holzzaun. Nach diesem biegen Sie rechts ab in die Straße „Auf der Kreuzwies". Sie folgen der Straße in einer Linkskurve durch das Wohngebiet bis Sie geradeaus vor einem Feldweg stehen. Diesem folgen Sie etwa 500 Meter geradeaus und biegen dann links ab. Absteigend und unter der Autobahnbrücke hindurch erreichen Sie den Ort Rheinböllen auf der Alten Römerstraße.

Rheinböllen

An deren Ende biegen Sie links ab, gehen über den Guldenbach und biegen rechts in den „Hinterster Graben" (22. km). Auf diesem bleiben Sie halblinks und aufsteigend bis zu einer Kreuzung. Hier biegen Sie links in die Marktstraße und gehen an der Grundschule vorbei.

Hotel Ristorante Colosseum • Marktstraße 16A • 55494 Rheinböllen • Tel.: 06764-92290 • colosseum-rheinboellen@web.de • www.colosseum-rheinböllen.de

+ etwa 300 Meter die Marktstraße entlang

Nach der Feuerwehr gehen Sie rechts in die Straße „Auf der Bell" und gehen immer geradeaus. Sie passieren das Schwimmbad und kommen auf die „Goethestraße". Dieser folgen Sie erst halblinks, dann halbrechts bis sie an der „Beethovenstraße" endet. Sie biegen hier links ab, verlassen die Straße aber direkt wieder nach rechts in eine schöne Allee. Von Bäumen gesäumt wandern Sie etwa 1 Kilometer, bis Sie an einer schönen Bank rechts abbiegen. Kurz darauf biegen Sie an einem Wasserhaus wieder rechts ab, halten sich rechts und biegen danach links in einen Waldweg. Dieser bringt Sie zur Waldsiedlung. Sie überqueren die Hauptstraße und gehen geradeaus auf der „Waldstraße" weiter. Nach etwa 400 Metern biegen Sie rechts in den „Heideweg" und direkt danach links. Auf einem Waldweg gehen Sie geradeaus bis zu einem schönen Rastplatz. Hier bleiben Sie geradeaus und gehen über ein Feld. Sie erreichen eine Straße und biegen rechts und kurz darauf links ab und verlassen die Straße nach rechts auf einen Feldweg. An einem Hof (28. km) gehen Sie geradeaus über die Straße und auf einem Feldweg über die Wiese.

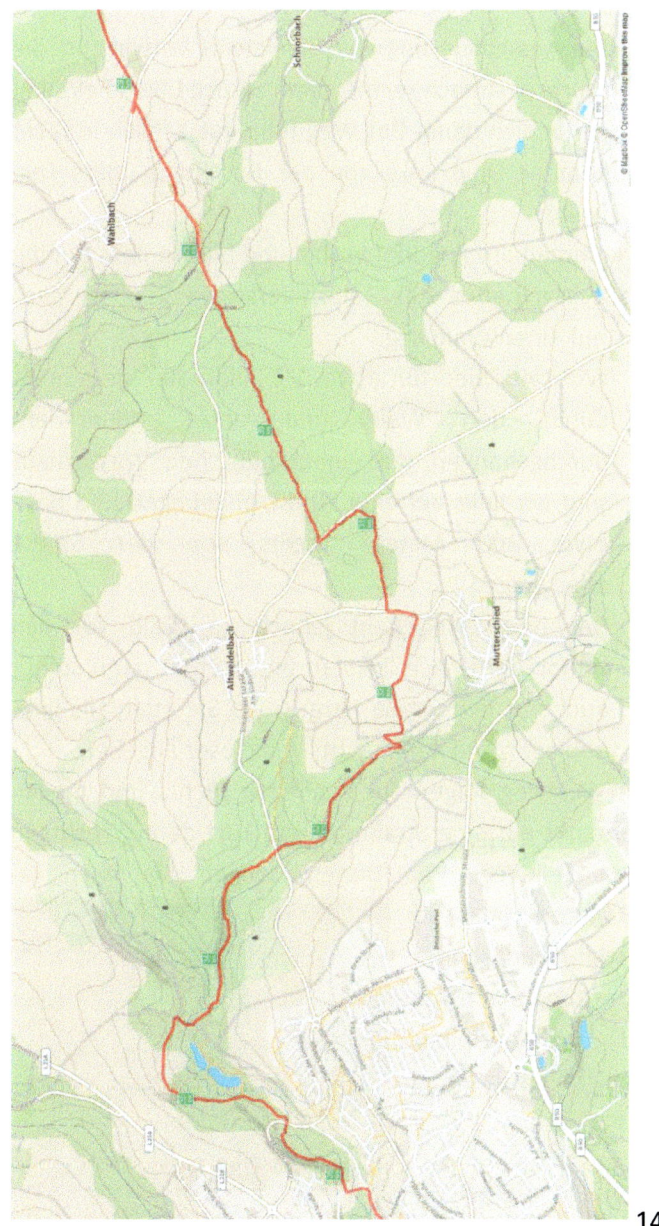

14

! Die Ausschilderung war hier etwas verwirrend. Sie führte erst nach rechts, dann zurück übers Feld und verlor sich dann. Der Weg führt tatsächlich in recht gerader Linie links von der Böschung übers Feld weiter.

Sie kommen am Friedhof vorbei und biegen links auf die Straße. Nach etwa 700 Metern verlassen Sie diese nach links auf einen Waldweg.

☹ Wir sind hier für etwa 1,2 Kilometer geradeaus durch den Wald und unter Windrädern durchgegangen. An einem hübschen Wasserhaus sind wir links auf eine Straße abgebogen und nach etwa 300 Metern rechts von der Straße abgegangen.

Der neue Weg geht jedoch im Wald vor den Windrädern nach links ab und kommt dann später auch auf der Straße heraus, wo Sie ebenfalls links abbiegen und dann rechts von dieser abgehen.

Dem Feldweg folgen Sie erst nach rechts und biegen dann links auf eine Straße ab und kurz darauf rechts in einen Feldweg. Von diesem biegen Sie nach ca. 400 Metern links ab (32. km) und an der T-Kreuzung rechts und unmittelbar danach links in einen schmaleren Weg bergab. Am Ende des

Abstiegs biegen Sie scharf nach rechts ab und folgen dem Bachlauf. Nach etwa einem Kilometer überqueren Sie eine Straße und gehen weiter geradeaus.

Nach einem weiteren Kilometer halten Sie sich erst rechts und dann links und umrunden die Domäne Simmerbach in einer langgezogenen Linkskurve (35. km).

! Die Domäne hat verwirrende Jakobsmuscheln geklebt, die die Pilger an das Restaurant locken möchten. Sie können diesen folgen, wohl wissend, dass der Wanderweg geradeaus weitergeht.

 Wirtshaus & Gasthaus Domäne am See • Simmersee, • 55469 Simmern • Tel.:06761 – 9676921 • info@domaene-am-see.de • www.domaene-am-see.de

Durch einen Tunnel unterqueren Sie die Hauptstraße und halten sich links. An einer T-Kreuzung links Richtung eines Vereinshaus und danach rechts einen Anstieg hoch.

Am Rottmannpark vorbei und durch die „Mühlengasse" erreichen Sie immer geradeaus die alte Stadtmauer und die Hauptstraße „Koblenzer Straße". Nach wenigen Metern verlassen Sie diese nach links (37. km) in die Fußgängerzone „Marktstraße". Am Platz biegen Sie nach rechts ab und gehen in der Fußgängerzone die „Schloßstraße" hinunter.

 Gasthaus / Pension Schloßschänke • Schloßstraße 16 • 55469 Simmern • Tel.: 06761/4066 • paris-wolfgang@gmx.de • www.schlossschänke-slmmern.de

 In Simmern ist ein Besuch des Schinderhannesturms Pflicht ☺

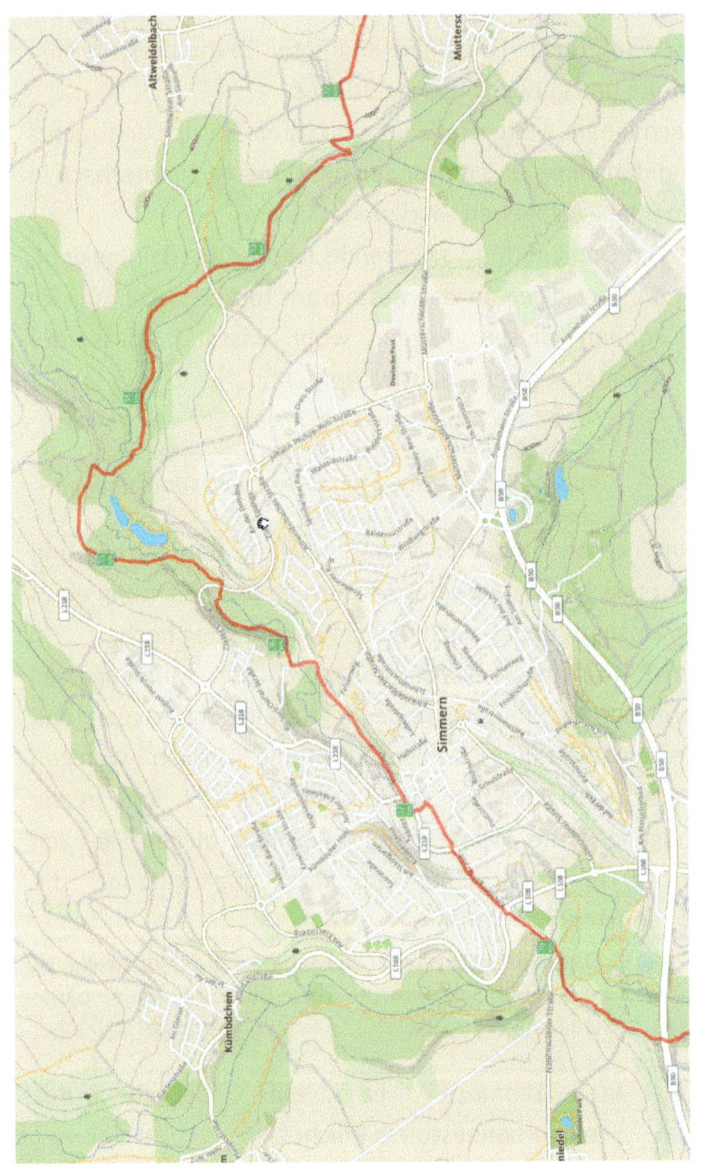

Tag 3: Simmern – Abzweigung Laufersweiler (21 km – ca. 480 Höhenmeter)

Sie gehen geradeaus weiter, am „Schloßplatz" und der Volksbank vorbei, geradeaus über die Kreuzung und über den Simmerbach und weiter geradeaus über den Verkehrskreisel. Entlang der Hauptstraße gehen Sie bis kurz vor das Hotel Bergschlößchen, wo Sie links in eine Teerstraße biegen (38. km).

Hotel Bergschlößchen • Nannhausener Straße 4 • 55469 Simmern / Hunsrück • Tel. 06761 900 0 • info@hotel-bergschloesschen.de • www.hotel-bergschloesschen.de

An einer Gabelung halten Sie sich links und gehen in einem Tunnel unter der B50 durch. In einem großen Linksbogen umrunden Sie eine Art Kläranlage.

Sie erreichen den Ort Ohlweiler (40. km), in dem Sie geradeaus die Hauptstraße überqueren und im „Weinenweg" nach etwa 150 Metern Anstieg erst nach links und unmittelbar danach nach rechts auf einen Feldweg abbiegen. Im Feld halten Sie sich halblinks und wandern parallel zum Waldrand.

Unmittelbar vor dem Ort Schönborn biegen Sie links ab und an der nächsten Kreuzung rechts. Auf die „Hauptstraße" biegen Sie nach links ab und direkt danach nach rechts in die „Waldstraße". Im Anstieg geht es geradeaus aus dem Dorf heraus und geradeaus in den Wald.

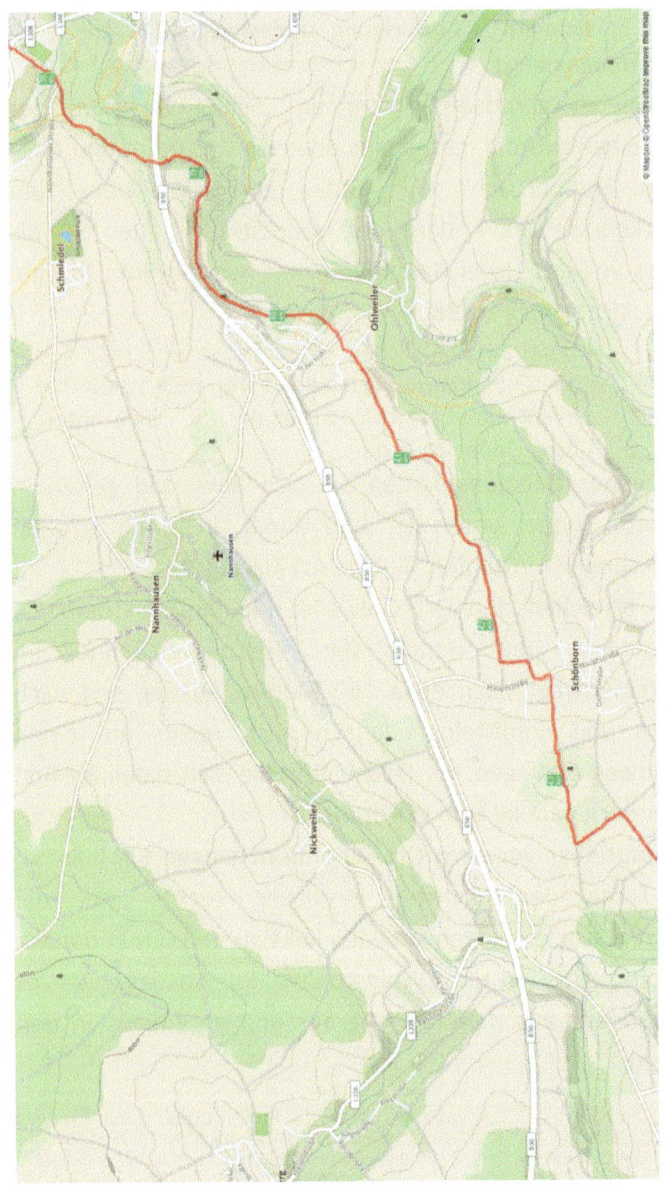

An einem schönen Wegweiser biegen Sie links ab und wandern am Waldrand entlang. Am Ende des Waldrands biegen Sie rechts ab und gehen durch Felder hinunter zum  Waldrand. Nach etwa 700 Metern biegen Sie rechts in den Wald auf einen schmalen Waldpfad ab und wandern etwas steiler bergab. Sie biegen rechts auf einen flacheren Weg ab und erreichen eine alte Mühle, vor der Sie links in den Feldweg biegen und wieder aufsteigen.

Sie erreichen den Ort Rödern (45. km). Sie folgen dem Weg nach rechts und folgen der „Lötscherstraße" durch ein paar Kurven, bis Sie die „Kirchberger Straße" erreichen. Auf diese biegen Sie rechts ab und folgen ihr für etwa 400 Meter, bis Sie links in den Wald abbiegen. Im Wald biegen Sie erst rechts ab und etwa 400 Meter später links. Am Waldrand biegen Sie rechts ab und an der nächsten T-Kreuzung an einem links auf eine Straße.

Sie erreichen Kirchberg. An der ersten Gabelung halten Sie sich halbrechts in die „Beller Roul" und biegen kurz darauf links in die „Simmerner Straße" (49. km). Sie durchwandern Kirchberg geradeaus entlang der „Hauptstraße", passieren den Marktplatz und sehen bald linker Hand den Wasserturm.

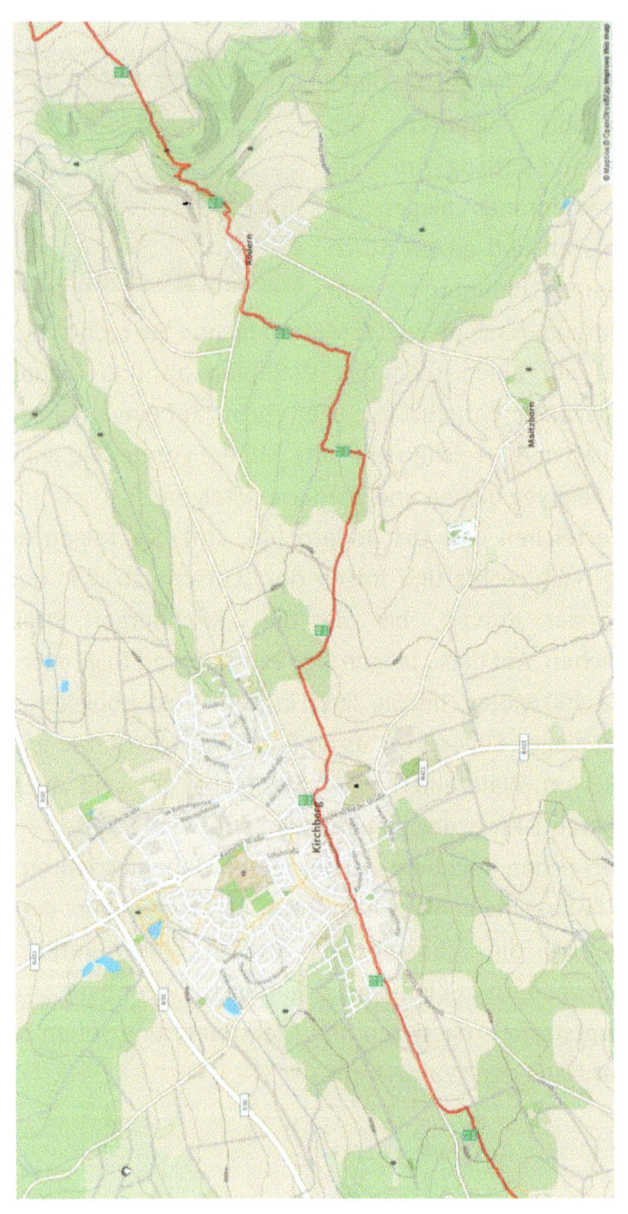

Hotel Weber Kirchberg • Hauptstr.15 • 55481 Kirchberg • Tel.: 06763-3705 • hotel-weber@t-online.de • www.hotel-weber-kirchberg.de

$

Sie bleiben aber geradeaus entlang der „Oberstraße" und verlassen auf ihr den Ort. Etwa 400 Meter nach dem letzten Gebäude verlassen Sie die Straße indem Sie am Waldrand links auf einen Feldweg biegen und diesem kurz darauf nach rechts folgen. Erst am Waldrand entlang und bald durch den Wald folgen Sie einem schönen historischen Weg.

Landhotel Karrenberg • Straßheck 3 • 55481 Kirchberg • Tel.: 06763 93080 • info@landhotel-karrenberg.de • www.landhotel-karrenberg.de

$$

An dessen Ende wenden Sie sich nach links und gehen über eine Brücke.

Hotel Liederbach • Beethovenstraße 19 • 55481 Dillendorf • Tel.: 06763 553
+ 250 Meter, rechts von Römerstraße abbiegen

Den Ort Liederbach streifen Sie nur am Rande, indem Sie geradeaus auf der „Römerstraße" an einigen Häusern vorbei gehen, bevor Sie sich auf einem Feldweg befinden.
Sie folgen diesem halbrechts, überqueren eine Straße und gehen direkt gegenüber im Wald weiter.
Auf der gut 3 Kilometer langen und geraden (wenn auch nicht flachen!) Strecke durch den Wald entdecken Sie die Ausoniushütte und den

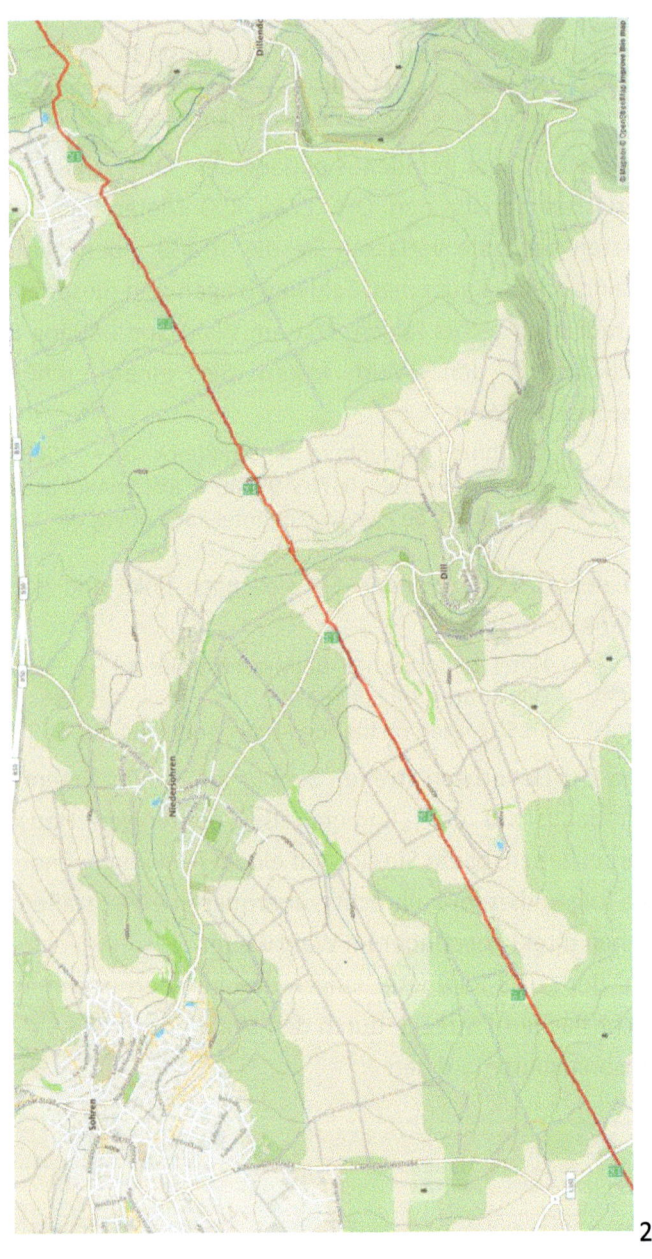

Römerturm

und wandern auf der originalen historischen Römerstraße.

Sie überqueren die Straße nach Dill bzw. Niedersohren (55. km)

 Gästewohnung B&B Hering • Beckersacker 5 • 55487 Dillendorf • Tel.: 06763 302197 • www.bedandbreakfast.eu/privatzimmer/dillendorf/g astewohnung-bed-and-breakfast-hering-in-dill/1564039/
+ 1,2 Kilometer, links abbiegen

und erreichen etwa 3 Kilometer später die Abzweigung nach Laufersweiler.

 Hotel & Restaurant Schatulle • Provinzialstraße 6 • 55487 Laufersweiler • Tel.: 06543 98 03 19 • www.hotel-schatulle.de
+ 2 Kilometer ab Abzweigung

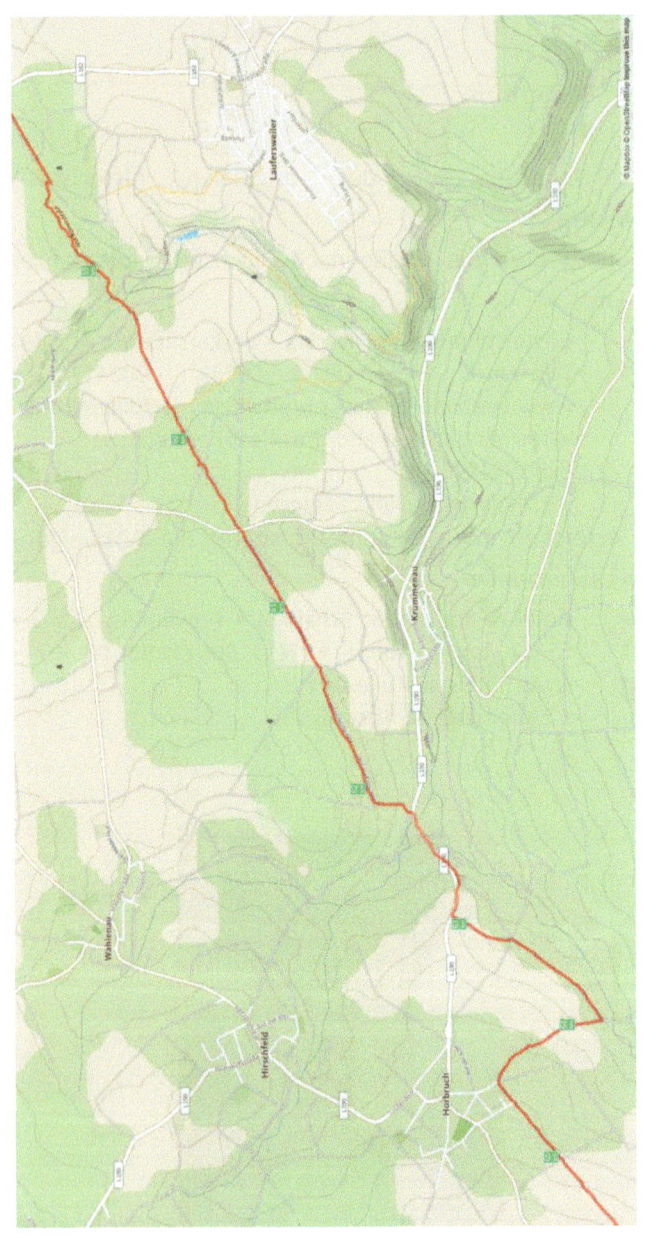

Tag 4: Abzweigung Laufersweiler – Abzweigung Gonzerath (19 km – ca. 450 Höhenmeter)

Sie überqueren die Hauptstraße und gehen geradeaus durch den Wald. Sie folgen der historischen alten Römerstraße. Am Ende des Waldes gehen Sie weiter geradeaus, durch Felder und über eine Brücke. Sie überqueren eine Straße und gehen geradeaus auf einem Feldweg hinauf. In den Wald gehen Sie geradeaus hinein. Sie überqueren eine Straße und gehen weiter geradeaus, entlang von Feldern und am Waldrand. Am Ende des Waldrands biegen Sie links ab (62. km) und erreichen eine Hauptstraße. Sie biegen rechts ab und folgen der Hauptstraße etwa 700 Meter.

 Liller´s Historische Schlossmühle • Bergmühle 1 • 55483 Horbruch • Tel: +49 6543 4041 • info@historische-schlossmuehle.de • www.historische-schlossmuehle.de

Auf der Höhe der Schloßmühle können Sie diesen Straßenabschnitt kurzfristig vermeiden, indem sie entlang eines Feldwegs gehen, der sie allerdings nach etwa 150 Metern zurück auf die Hauptstraße führt.

Sie verlassen die Hauptstraße nach links auf einen Schotterweg. Nach etwa einem Kilometer geradeaus und über eine Straße biegen Sie rechts ab und gehen entlang von zwei Häusern den Berg hinauf.

 Appartements Alte Schule • Hochscheiderstraße 4 • 55483 Horbruch • Tel.: 06543 501370
+350 Meter, geradeaus und dann links

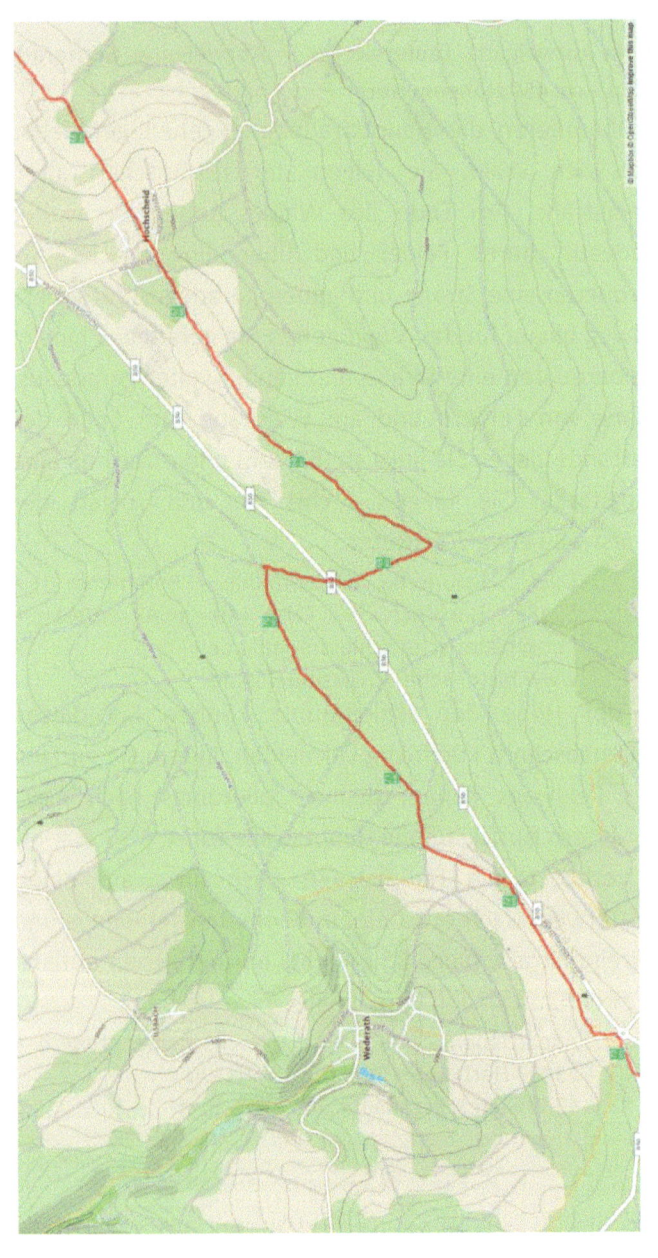

Am Ortsanfang von Horbruch biegen Sie links ab und folgen dem Teerweg für etwa 1,3 Kilometer. Dann biegen Sie links und direkt im Anschluß rechts ab und folgen dem Teerweg weitere 500 Meter geradeaus und leicht ansteigend.

Sie erreichen den Ort Hochscheid, den Sie geradeaus auf der „Römerstraße" durchqueren (67. km). Immer geradeaus geht es an einer schönen Grillhütte vorbei und in den Wald. Sie folgen dem Weg parallel zur alten Bahnschiene und halblinks. Etwa 2,5 Kilometer nach den letzten Häusern von Hochscheid biegen Sie im Wald scharf rechts ab. Sie überqueren erst die alten Bahnschienen, halten sich dann halbrechts und überqueren kurz darauf die

! sehr stark befahrene Hunsrückhöhenstraße.

Auf der anderen Seite gehen Sie auf einem Waldweg geradeaus weiter. Nach etwa 350 Metern biegen Sie links ab und folgen diesem Weg geradeaus durch den Wald und über drei Kreuzungen, immer parallel zur Hunsrückhöhenstraße. Am Ende des Waldes folgen Sie dem Weg noch einige Meter am Waldrand entlang, bevor Sie links auf einen Schotterweg Richtung Hunsrückhöhenstraße abbiegen. Kurz bevor Sie diese erreichen biegen Sie rechts ab (72. km) und gehen parallel zur Straße auf den

 Archäologiepark Belginum zu.

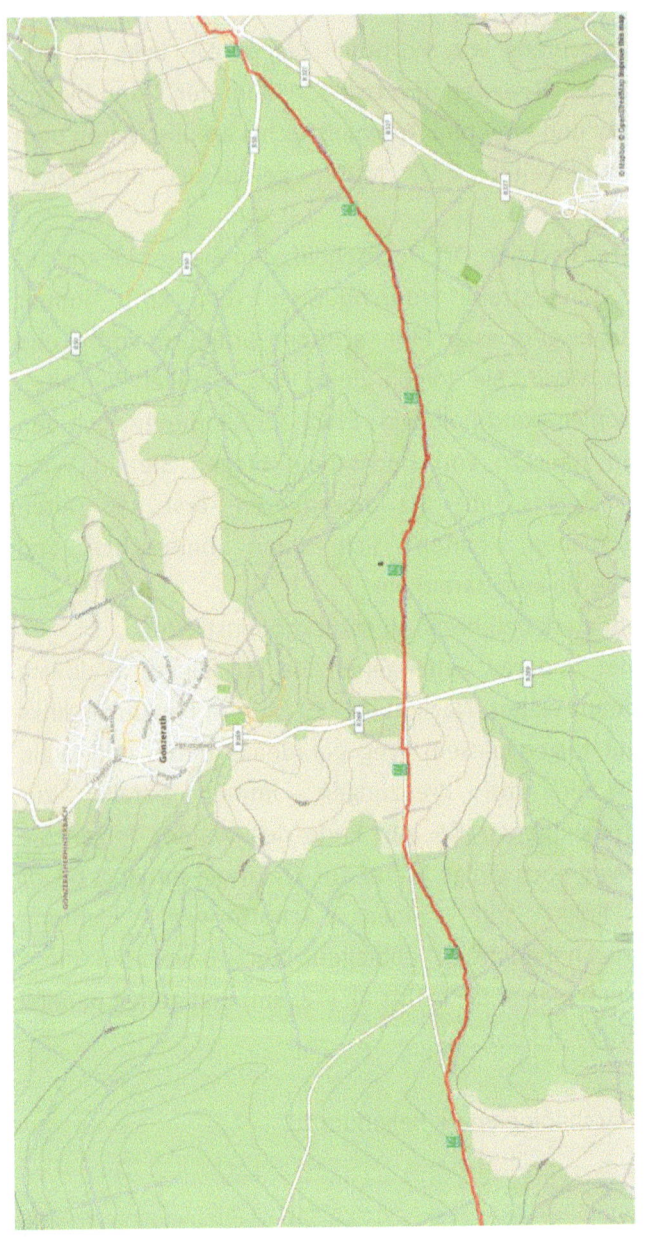

Sie gehen geradeaus an diesem vorbei und über den Parkplatz. Auf die Straße biegen Sie nach links ab, überqueren diese Straße am Kreisel und überqueren zwei weitere Straße am Kreisel, bevor Sie auf entlang der zweiten Straße nach rechts den Kreisel verlassen. Nach etwa 250 Metern entlang der Hauptstraße verlassen Sie diese nach links auf einen Waldweg. Diesem folgen Sie geradeaus durch den Wald, einen kurzen Abschnitt entlang eines Feldes und am Waldrand entlang in den nächsten Waldabschnitt. Nach der Abzweigung des Wanderwegs nach Gonzerath (75. km) halten Sie sich an einer Waldkreuzung halbrechts.

Sie erreichen die B269, die Abzweigung nach Gonzerath.

Alte Schule • Ruud en Monique Schevers • Zum Kendele 1 • 54497 Morbach Gonzerath • Tel.: 06533 9550939 • Handy: 01728926733 • alteschule gonzerath @gmail.com• www.bbalteschule.com • + 1,2 Kilometer ab Abzweigung

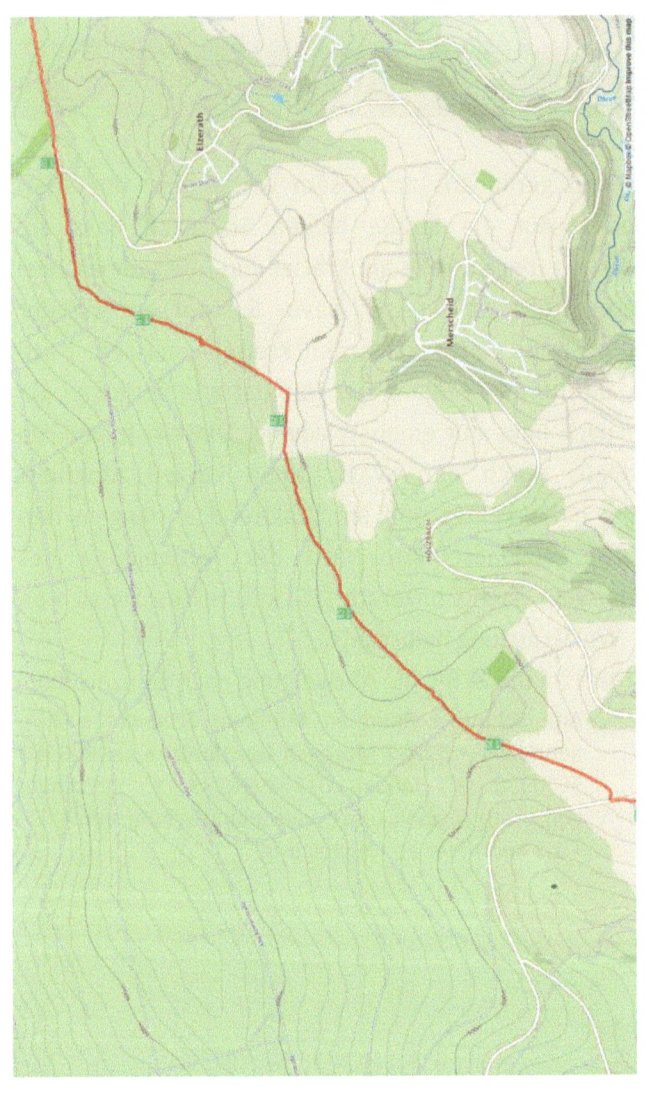

Tag 5: Abzweigung Gonzerath – Gräfendhron (15 km – ca. 250 Höhenmeter)

Sie überqueren die B269 und gehen geradeaus auf der gegenüberliegenden Straße weiter. Nach etwa 800 Metern biegen Sie links von der Straße ab, halten sich aber direkt rechts auf dem Waldweg parallel zur Straße. Sie kommen an dem

 beeindruckenden Felsen der Grauen Lei vorbei

und stoßen nach ca. 1,2 Kilometern wieder auf die Hauptstraße, auf die Sie nach links abbiegen. Etwa zwei Kilometer wandern Sie entlang der Hauptstraße, bis diese eine Linkskurve macht, Sie aber geradeaus auf einem befahrbaren Waldweg weitergehen.

Nach etwa 500 Metern durch den Wald biegen Sie links ab und gehen bergab. Es gibt hier eine

! alternative Route nach Neumagen-Dhron, auf die ich nicht weiter eingehen werde.

Auf Höhe eines Bauernhofes biegen Sie rechts Richtung dieses Bauernhofes ab (82. km) und nach diesem gehen Sie geradeaus in den Wald. Etwa 2,5 Kilometer folgen Sie dem Weg durch den Wald, am Waldrand entlang und entlang von Feldern, bis Sie auf eine Hauptstraße stoßen.

Auf diese biegen Sie nach links ab, gehen aber dann direkt rechts auf den breiten Feldweg.

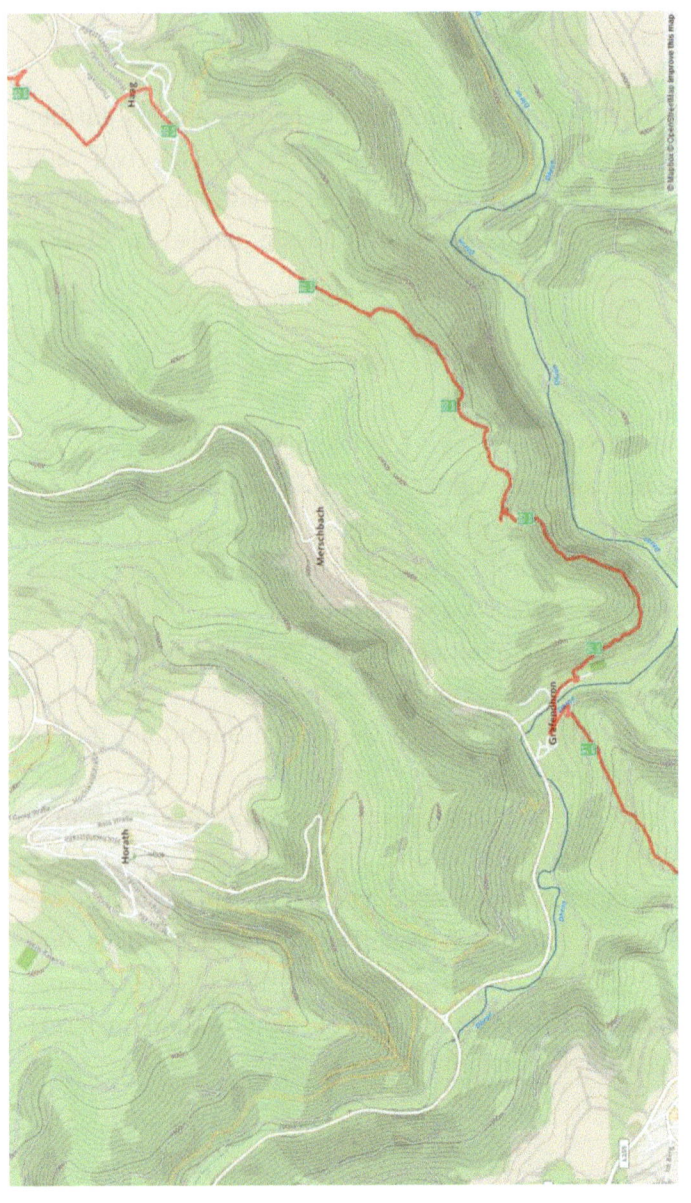

Ein paar Meter hier links durch den Wald kommen Sie zu einer Marienkapelle und einem schönen Aussichtspunkt.

Sie folgen dem Feldweg (85. km) bis zu einer Scheune/Garage und biegen hier links ab Richtung Ort.

Sie erreichen den Ort Haag. Nach der Kirche biegen Sie rechts in die „Kunibertstraße" und folgen dieser aus dem Ort heraus. Von diesem geteerten Weg biegen Sie etwa 350 Metern nach den letzten Häusern an einem Holzkreuz nach links auf einen Schotterweg ab. Etwa 800 Meter kommen Sie an einem Waldrand an eine Kreuzung.

! Es scheint hier eine neue Wegführung nach rechts zu geben. Wir sind dieser etwa 400 Meter in den Wald gefolgt, konnten aber trotz unzähliger neu angebrachter Schilder keinen Weg entdecken und haben uns für die alte Wegführung entschieden, die hier im Anschluss beschrieben wird. Da diese durch ein neu erschaffenes Naturreservat geht, kann nicht sichergestellt werden, wie lange dieser Weg noch begehbar sein wird.

Folgen Sie dem Waldweg halblinks bergab. Teilweise breit und teilweise schon zugewachsen führt dieser Sie stetig bergab. Nach etwa 1,4 Kilometern folgen Sie dem Weg scharf nach links. Etwa 80 Meter weiter biegen Sie nach rechts in einen fast überwachsenen Trampelpfad, Richtung eines Hochsitzes.

Diesen passieren Sie linker Hand und folgen dem Trampelpfad zu einem Bach. Hier müssen Sie etwas kreativ eine Möglichkeit zur Überquerung suchen und gegenüber ein paar Meter einen steilen Abhang hochklettern.

Kurz darauf erreichen Sie einen befahrbaren Schotterweg (89. km), auf dem Sie auch die neue Beschilderung wieder finden. Sie folgen diesem nach links und erreichen nach etwa 1,3 Kilometern den Ort Gräfendhron.

Hier biegen Sie nach rechts Richtung Dorfkern ab und nach ca. 200 Metern nach links in die „Hauptstraße" und auf einer Brücke über die Dhron.

Landhaus Gräfendrohn • Kapellenstrasse 15 – 17 • 54426 Gräfendhron • Tel.: 06504/954990 • info@landhaus-graefendhron.de • www.landhaus-graefendhron.de + 300 Meter ab Brücke

Tag 6: Gräfendhron – Fell (22,5 km – ca. 600 Höhenmeter)

Nach der Brücke gehen Sie links in die Straße „Am Berg" und in Serpentinen den Berg hoch. Nach der Linkskurve verlassen Sie die Straße nach rechts Richtung Berglicht. Sie gehen einen steilen Feldweg hinauf. Halten Sie sich links und gehen Sie am linken Wiesenrand geradeaus entlang der Böschung hinauf. Sie stoßen auf einen Teerweg und biegen auf diesen nach rechts ab und gehen weiter bergauf. Der Teerweg wird zum Waldweg, dem Sie halblinks folgen.

! An einer Abzweigung (92. km) finden Sie einen Hinweis auf eine alte Wegführung. Wir sind der neuen Wegführung gefolgt und hier geradeaus auf dem Teerweg geblieben.

Auf dem Teerweg erreichen Sie Berglicht. Vor dem ersten Haus biegen Sie links ab und nach den ersten Häusern wiederum nach links auf die L155. Diese verlassen Sie bereits nach wenigen Metern auf einen Schotterweg, der anfangs parallel zur Hauptstraße verläuft, dann aber halbrechts Richtung Wald abschwenkt. Im Wald halten Sie sich halblinks und bleiben auf dem breiten Waldweg. An einer Bank und einer Säule biegen Sie nach rechts ab und folgen dem Weg für etwa 2,5 Kilometer durch den Weg und an Windrädern vorbei. Sie überqueren an einem Hof eine Straße (97. km) und gehen auf der gegenüberliegenden Straße geradeaus weiter.

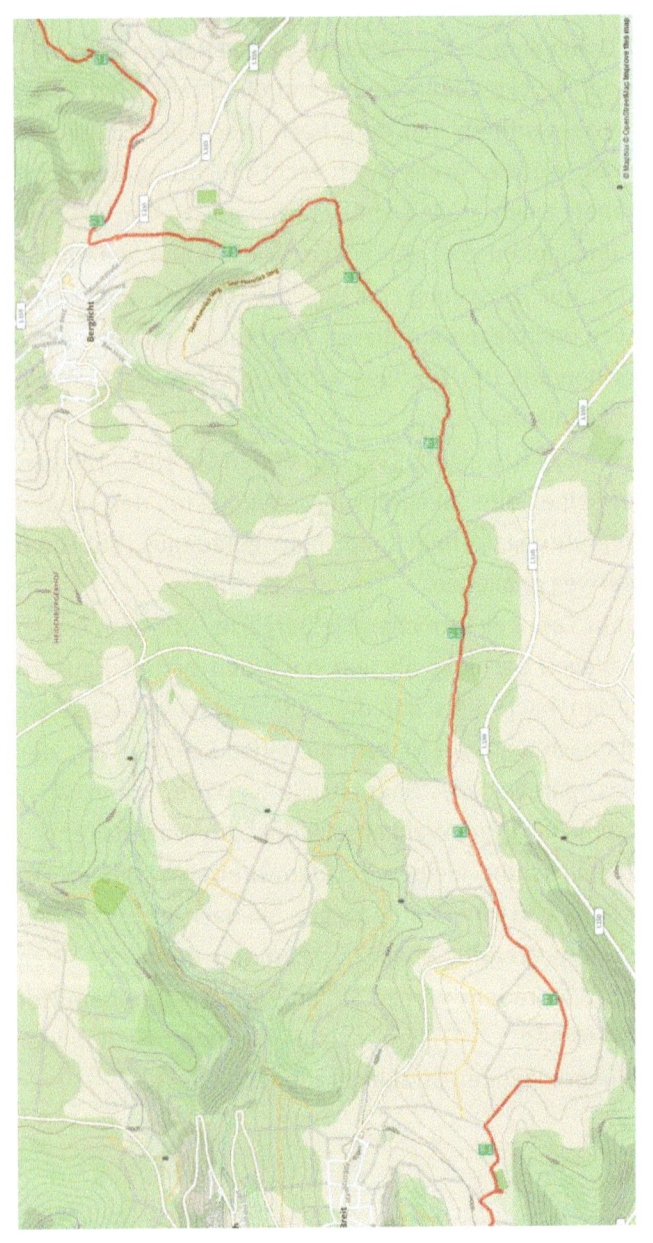

Wenn diese Straße nach etwa 1,2 Kilometern eine Rechtskurve macht, verlassen Sie sie geradeaus auf eine Teerstraße. An einer T-Kreuzung biegen Sie rechts ab und gehen an einem Haus vorbei. An der nächsten Kreuzung biegen Sie links ab Richtung eines Sportheims. An dem Sportheim biegen Sie rechts in einen Feldweg ab und kurz darauf nach links entlang einer Wiese. Halbrechts gehen Sie geradewegs auf eine Bank und eine Informationstafel zu und gehen geradeaus an diesen vorbei in das gegenüberliegende Wäldchen.

! Wir sind hier in einer Rechtskurve (101. km) dem Waldweg bergab gefolgt, wobei wir uns links auf dem breiteren Waldweg gehalten haben. An der Kreuzung mit einem breiteren Weg sind wir links gegangen und kamen an eine Waldkreuzung. Auf unserem Weg fanden wir sehr alt aussehende Markierungen, die auf den Ausoniusweg hinwiesen.

Wir glauben aber, dass es am oberen Waldrand nach der Bank (101. km) auch eine Abzweigung nach links geben sollte, die dann von links auf der Waldkreuzung herauskommt.

An der Kreuzung geht es geradeaus bzw. der zweite rechte Weg von unserer Wegführung kommend. Kurz darauf biegen Sie scharf rechts in einen Waldpfad, der steil den Berg hinab führt. Sie stoßen auf eine Straße, der Sie nach links folgen.

! Hier führen verwirrende Markierungen nach links auf einen sehr schönen Weg entlang des Baches. Dies ist allerdings NICHT der Ausoniusweg, der Sie nach Trier führt.

Sie gehen über eine Brücke, kommen an die Hunsrückhöhenstraße, überqueren diese und biegen rechts ab. Sie gehen entlang der Hunsrückhöhenstraße und überqueren eine Straße an der nächsten Kreuzung (102. km).

$$$

Rüssels Landhaus • Büdlicherbrück 1 • 54426 Naurath/Wald • info@ruessels-landhaus.de • www.ruessels-landhaus.de
+ 650 Meter, links die L148 entlang

Hinter dem Haus gehen Sie nach links eine Treppe und anschließend einen steilen Pfad hinauf. An der rechten Böschung entlang gehen Sie an einem Stromhaus vorbei auf einen Waldweg. Hier biegen Sie links ab und gehen einen Anstieg hoch. In Serpentinen gehen Sie erst eine Linkskurve und dann rechts immer hinauf, bleiben Sie auf dem breiteren Weg.

An einer Abzweigung nach einer „Insel" gehen Sie nach links und überqueren nach ca. 600 Meter die Autobahn auf einer Brücke. Etwa 600 Meter nach der Autobahn biegen Sie nach der Überquerung einer Straße scharf links auf einen Feldweg (106. km). Wieder wandern Sie zwischen Windrädern. Sie halten sich rechts und biegen an der nächsten Kreuzung rechts ab.

! Der Waldweg verläuft etwa 900 Meter später nach rechts über eine Wiese einen Anstieg hinauf. Sie gehen allerdings halblinks auf einem kaum sichtbaren Pfad in den Wald (107 km).

Sie gehen an einem Hochsitz vorbei, immer geradeaus entlang eines Trampelpfades, der Sie abwärts führt. Sie stoßen auf einen breiteren Waldweg, überqueren diesen und gehen geradeaus weiter, stoßen nach einer Linkskurve auf den nächsten breiteren Waldweg und überqueren auch diesen, gehen wiederum weiter geradeaus. Nach einer Rechtskurve stoßen Sie erneut auf einen anderen Waldweg und folgen diesem nun nach links. An der nächsten Kreuzung gehen Sie nach rechts und stoßen nun auf einen breiteren Pfad, dem Sie nach rechts und in eine Linkskurve folgen.

Nach etwas mehr als drei Kilometern auf diesem Weg erreichen Sie den Ort Fell (112 km.). Sie gehen geradeaus bis zu einer Kreuzung, an der Sie links aufsteigen müssten zu einem Torbogen, an der Sie aber rechts leicht bergab gehen. Am Hotel Gasthaus Fellertal gehen Sie nach links in die Brückenstraße.

$$\text{\$\$}$$

Hotel-Gasthaus Fellertal • Maximinstr. 6 • 54341 Fell • Tel. 06502/5166 • info@fellertal.de • hotel-fellertal.de

$$\text{\$}$$

Hotel & Pension Granz • Neustr. 33 • 54341 Fell • Tel.: 06502 8443 • hotel.weingut.granz@web.de + 200 Meter nach rechts ab Hotel Gasthaus Fellertal

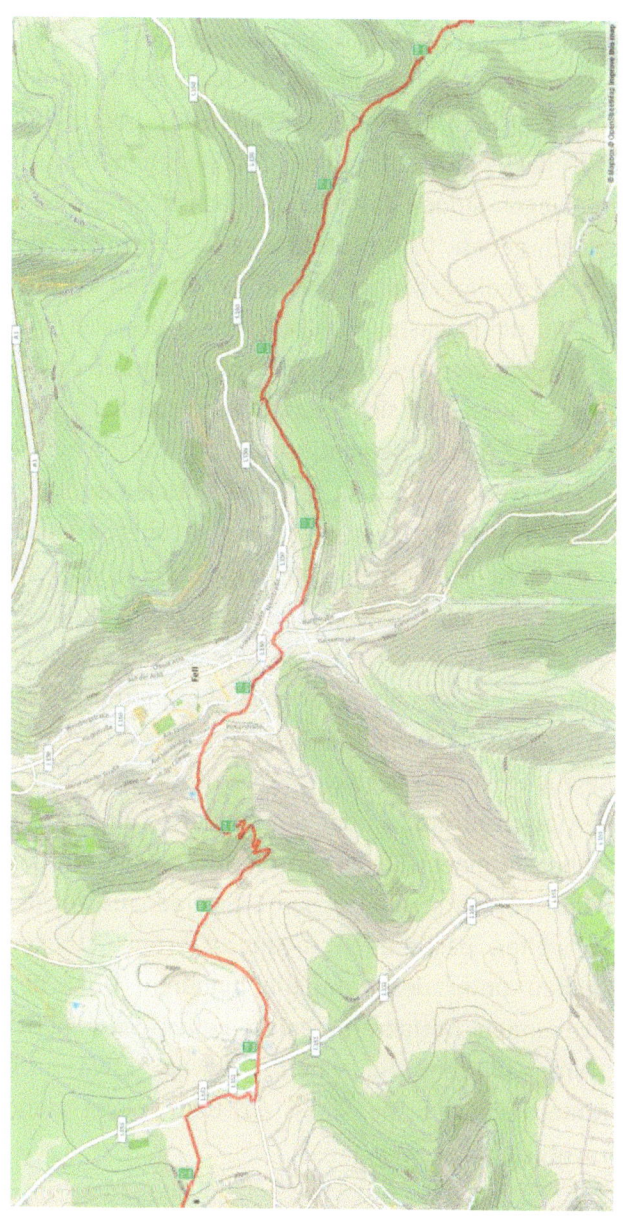

Tag 7: Fell – Trier (14,5 km – ca. 300 Höhenmeter)

Vor der nächsten Brücke biegen Sie nach rechts ab und überqueren einen kleinen Platz. Am Ende überqueren Sie nach links den Bach. Auf der Straße gehen Sie nach rechts, biegen jedoch direkt in die nächste Straße nach links und gehen halbrechts bergauf. Unterhalb des jüdischen Friedhofs bleiben Sie auf der unteren, rechten Straße. An der nächsten Kreuzung halten Sie sich links und gehen entlang der „Ruwerer Straße" bergauf. An der Kreuzung halten Sie sich rechts, gehen danach aber direkt links, immer bergauf. An einer Kapelle sowie einem Holzkreuz vorbei geht es immer geradeaus.

Am Ende des Weges biegen Sie in den oberen linken Weg und gehen in Serpentinen bergauf (114. km). Am Ende der Teerstraße biegen Sie rechts in einen Waldweg und gehen weiter in Serpentinen bergauf. Sie erreichen ein offenes Feld, das Sie geradeaus überqueren. Hinter einem kurzen Waldstück geht es nun bergab auf eine Straße zu, vor Ihnen liegt ein großes Entsorgungs- und Verwertungszentrum. An der Straße biegen Sie links ab und gehen in einem Bogen um dieses Zentrum herum. Über den Verkehrskreisel gehen Sie geradeaus auf der Straße weiter, passieren Autobahnzufahrten (116. km) und gehen unter der Autobahn hindurch. Über den anschließenden Mitfahrerparkplatz gehen Sie hinüber und hinter diesem auf einen Teerweg. Etwa nach 400 Metern biegen Sie links ab und folgen dann halbrechts dem Teerweg.

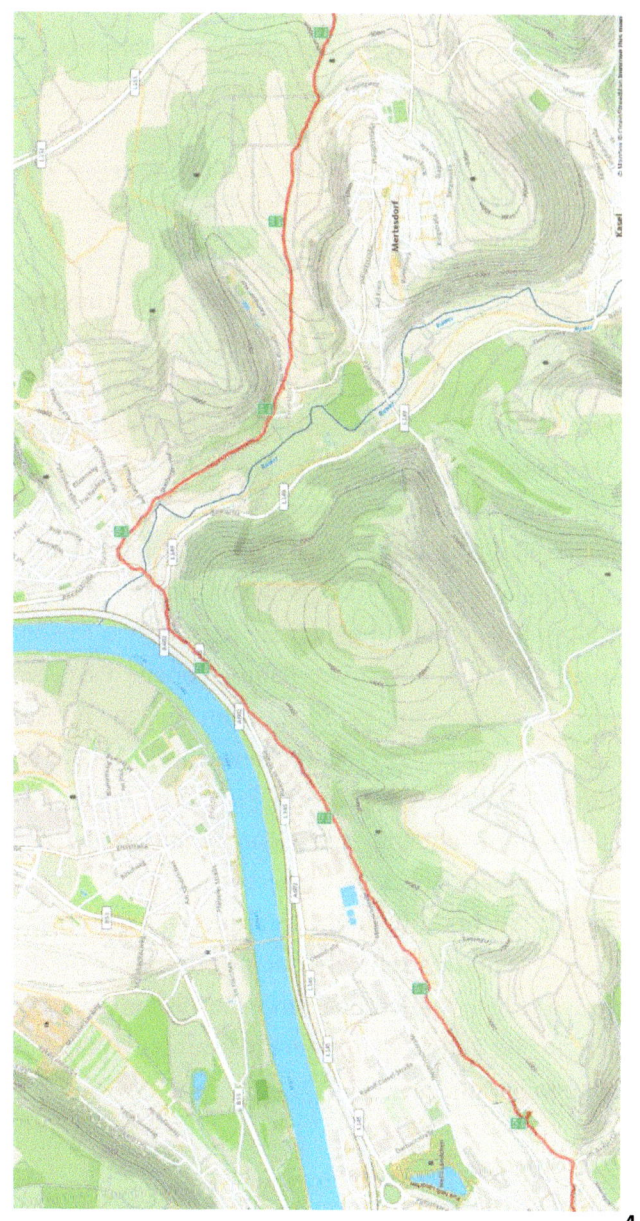

Vor dem ersten Haus halten Sie sich halbrechts und gehen geradeaus auf einem Feldweg. Bei einer Bank bleiben Sie geradeaus.

$$$

Hotel Weingut Weis • Eitelsbacherweg 4 • 54318 Mertesdorf • info@hotel-weis.de • hotel-weis.de

+ 450 Meter, links abbiegen

Sie erreichen geradeaus den Ort Eitelsbach. Unterhalb der Kirche gehen Sie weiter geradeaus durch den Ort, entlang der Hauptstraße (119. km). An vielen Häusern vorbei geht es für etwa einen Kilometer entlang der Hauptstraße, bis Sie den Ort Ruwer erreichen. Hier biegen Sie nach einer Linkskurve nach links in die „Rheinstraße". Diese geht nach einer Kreuzung, über die Sie geradeaus gehen, in die „Ruwerer Straße" über. Vor den alten Bahnschienen gehen Sie nach links auf einem Teerweg entlang der alten Bahnschienen. Fast zwei Kilometer gehen Sie geradeaus, an einige Häusern vorbei. An einer großen Lagerhalle wechseln Sie auf den rechten Parallelweg (123. km), bis Sie nach etwa 1,3 Kilometern entlang von Schrebergärten an eine Straße kommen. Auf diese „Avelsbacher Straße" biegen Sie nach rechts ab und unterqueren Zugschienen (125. km). Direkt danach, vor der „Metternicher Straße" weist Sie die Markierung an, die Straßenseite zu wechseln, Sie gehen weiter geradeaus, nun entlang des „Wasserwegs".

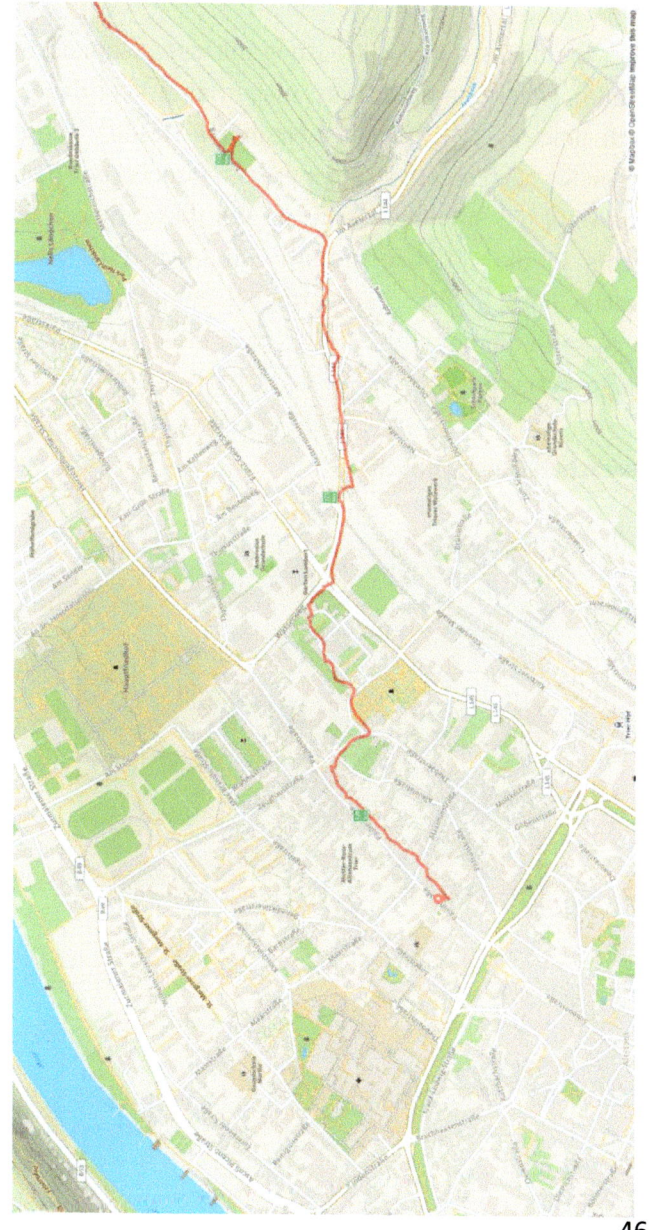

Über die nächste große Kreuzung mit der „Schöndorfer Straße" gehen Sie geradeaus, biegen aber kurz danach nach links in die „Balthasar-Neumann-Straße". Dieser folgen Sie nach rechts an einer grünen Insel vorbei, dann direkt auf die St-Paulin-Kirche zu. Vor dieser biegen Sie rechts in die „Thebaerstraße" und etwa 150 Meter danach links in die „Paulinstraße". Immer geradeaus erreichen entlang dieser Straße nach etwa 600 Metern die Porta Nigra.

Herzlichen Glückwunsch!